Coração subterrâneo

Olga Savary

Coração subterrâneo

Poemas escolhidos

posfácio
Laura Erber

todavia

Mito 9

Queda 10

O cavalinho-do-mar 11

Insônia 12

A carta 13

Tranquilidade na tarde 14

Inútil 15

Único 16

Urubu 17

Cantiga meio mórbida 18

Água água 19

Amanhã 20

Cantigas de roda sobre Lapinka, meu cavalinho-do-mar 21

Pedido 24

As subterrâneas 25

Canção antes solitária 26

Dentro dos olhos fechados 28

Ar livre 29

Cantilena em setembro 30

Depois 31

Do outro lado 32

Abstrata 34

Poeminha para Flávia 35

Construção 36

Comentário 37

Eu poderia não ser 38

Conversa desatada dentro da noite (Solilóquio) 39

Veneno em Ouro Preto 41

Os selvagens 42

Nas ruínas do convento de Angra dos Reis 43

Ouro Preto I 44

O caramujo e seu espelho 45

Jogo na tarde 47

Um dia, ossos 48

Numa praia deserta 49

Ouro Preto II 50

Ouro Preto III 51

Arraial do Cabo 52

Fogo 53

Ar 53

A água 54

Terra, 54

Ciclos 55

Quarto de nuvens 56

Living 57

Viagem 58

Resumo 59

Mutante 60

Esfinge de repente à beira d'água 61

Altaonda 62

Ser 63

O segredo 64

Vida I 65
Vida II 65
É permitido jogar comida aos animais 66
Guerra santa 67
Rota 68
Nome I 69
Nome II 69
Frutos 71
Coração subterrâneo 72
Acomodação do desejo I 73
Acomodação do desejo II 74
Acomodação do desejo III 75
Avesso 76
Em uso 77
Ser 78
Teipó 79
Acrobatas 80
Nome 81
Hora do recreio 82
Amor 83
Amor: 84
Entre erótica e mística 85
Do que se fala 86
Yruaia 87
Signo 88
Çaiçuçaua 89
Iraruca 90
Só na poesia? 91

Uquiririnto 92
Cateretê 93
Gesta 94
Adversária 95
Fruto 96
Registro de nascimento 97
Presente Carlos Drummond de Andrade 98
Buenos Aires à noite 99
Cachoeira de Brumado 100
Procura de Itabira 101
Ábaco 103
Grande coisa 104
Limbo 105
Encontro marcado 106
Jacaré 107
Tamanduá 108
Nome I 109
Nome II 109
Ode a um etrusco 110
Sem escolha 111
Amor? 112

A lírica encarnada de Olga Savary,
por Laura Erber 113

Índice de títulos e primeiros versos 121

Mito

Há em seu silêncio
exílio de uma escultura.
Seu olhar alado é caule
de sonhos esquecidos
e a voz, rigor de enigma
provado à morte.
Bastou que o visse
para me transformar em templo,
tornar-me idólatra.

Rio de Janeiro, janeiro de 1947

Queda

Negro crepúsculo mergulhou em meu avesso
e na goela de minhas tempestades
o pó de meus céus de vidro veio ao chão.
O tempo? Findo; só meu silêncio é o pêndulo
— compasso de minhas contradições.
Desenhei com cuidada distância
no olho fechado do tempo meu esperar de nada
mas mesmo para o quase nenhum esperar de nada
só haverá a esterilidade muda das poças d'água.
Fui castigada com a impossibilidade de meus voos
e da antiga competência de minhas asas, nada.
Mas não há revolta. Fico então resgatada
com meu prazer amargo de existir não existindo
— tudo é remorso.

Rio de Janeiro, novembro de 1948

O cavalinho-do-mar

A Fernando Travassos meu amigo

Olho fundo a órbita seca de seus olhos tristes
como os meus
e ouço ainda a cantarola da água fiando pedras
entre as vísceras de seu corpo murcho
(ah, a saudade arremessada pelas ondas
— verde alegria líquida —
e o sal pelos sargaços
e algas marinhas).

Os olhos se abismam em seus olhos secos
e penso
no dia em que tua presença clara se apartar
de mim e eu tiver também os olhos mortos
como aquele cavalinho-do-mar.

Rio de Janeiro, dezembro de 1949

Insônia

A José Carlos Audíface de Brito

Quero escrever um poema irritado.
Quero vingar meu sono dividido
(busco palavras que interroguem essa alquimia
do poema, que vire a noite em fogo vário
e a lua em pegada escondida atrás do muro
— vagaroso desmoronar de extinto voo).
Quero um poema ainda não pensado,
que inquiete as marés de silêncio da palavra
ainda não escrita nem pronunciada,
que vergue o ferruginoso canto do oceano
e reviva a ruína que são as poças d'água.
Quero um poema para vingar minha insônia.

Rio de Janeiro, março de 1950

A carta

A Wagner Cavalcanti de Albuquerque

Perdem-se, num longo sono de espera
olhos cansados de mil anos perdem-se.

As palavras circulam pelas praças,
vêm nos jornais, nos telegramas, na memória.
Mas perto
o silêncio empoeirou-se à toda volta.

As palavras esperadas, onde?
As palavras não existem.
O que existe é só a espera delas.

Na estrada, a lua envelhecendo.
E os olhos fincam a noite para ver
além da noite ruínas de um mistério:
o silêncio.

Belém (PA), setembro de 1952

Tranquilidade na tarde

A Liene T. Eiten

Ah, derramar-me líquida sobre o mar
— ser onda indefinidamente —
esperar pela primeira estrela
e dela ser apenas
espelho.

São Vicente (SP), março de 1953

Inútil

Se fosses estrela
eu seria esse bocado de céu
que te sustém.

Se fosses alga
eu seria essa vagarosa vaga
te embalando vagarosamente.

Se fosses um vago som
ou tom no fim da tarde
eu seria esse não imaginado vento
te desencadeando.

Mas de que vale pensar nisso
se te busco e não sei quem és
se me esperas e não sabes quem sou.

Belém, maio de 1953

Único

A Liane Teixeira

Não transfiras o momento do teu sonho.
No instante em que ele vem
arrisca-te à sua fina lâmina:
ele é tua única herança,
teu legado único,
único vestígio.

Belém, 31 de julho de 1953

Urubu

Risco noturno
fissura
na clara louça do dia.

Mancha de noite
ocultando sol
em voo instantâneo.

Lampejo escuro
fugaz imprimindo
a linha nas nuvens
— horizontal sonho.

Belém, 31 de julho de 1953

Cantiga meio mórbida

— Uma noite
nas ondas vou me deitar.
Descerei por sob os mares
— esquife dos próprios sonhos —,
viajarei oceanos
e areias submersas
onde, em alas, esperam
o meu enterro marinho
suicidas, afogados,
conchas, peixes e algas
mais cavalinhos do mar.

Uma lua rara, uma lua
verde, marinha, espia
a noiva recém-chegada
para uma apodrecida e selvagem
fantástica boda marinha.

Belém, novembro de 1953

Água água

A Walmir Ayala

Menina sublunar, afogada,
que voz de prata te embala
toda desfolhada?

Tendo como um só adorno
o anel de seus vestidos,
ela própria é quem se encanta
numa canção de acalanto
presa ainda na garganta.

Belém, 8 de novembro de 1953

Amanhã

Se devoras teus sonhos
quando se ensaiam apenas
e secamente represas
essa linguagem de flores
e teu desejo de asas
que restam subterrâneas,
quem serás tu, depois
do Grande Sono, amanhã?

Caieiras, janeiro de 1954

Cantigas de roda sobre Lapinka, meu cavalinho-do-mar

A Vilma e Ziraldo

I
Na minha insônia marinha
passeia o pequeno mágico:
Lapinka, meu cavalinho,
banhado pela ternura,
já sem saudades do mar.

II
Lapinka não tem idade,
estado civil ou sexo.
E de mãe, irmã ou amiga,
Lapinka só tem a mim.

Tampouco tem vida
meu cavalinho-do-mar
mas basta-me mais que tudo
sua verde ternura seca.

III
Seco seco como está
me parece triste triste
meu cavalinho-do-mar.

Tomo nas mãos seu corpinho
e canto um canto marinho.
Lapinka, meu hipocampo,
já sem saudade das ondas
adormece (sorrindo?)

IV
Lapinka, não fiques triste,
vamos fazer de conta.
Faz de conta sou teu cerco
e em verde te acalanto.

De minhas mãos farei berço
igual ao que tinhas
no mistério da concha
e com afago de noiva
te adormeço em poema.

V
Sem oceano ou aquário,
meu cavalinho-do-mar
mergulha no desenho
do gesto.

E as mãos enternecidas
fingem verde para embalar
a saudade quase morta
no sono do cavalinho.

VI
Tanta vida variegada
nesse corpo repousado
arrebatado do mar,

tanta alegria ainda viva
pedindo caladamente
para tua morte omitir.

E eu viva, invento e sonho
a mágica imobilidade
que nem te impede de amar.

Caieiras, janeiro de 1954

Pedido

A Manuel Bandeira

Quando eu estiver mais triste
mas triste de não ter jeito,
quando atormentados morcegos
— um no cérebro outro no peito —
me apunhalarem de asas
e me cobrirem de cinza,
vem ensaiando de leve
leve linguagem de flores.
Traze-me a cor arroxeada
daquela montanha — lembra?
que cantaste num poema.
Traze-me um pouco de mar
ensaiando-se em acalanto
na líquida ternura
que tanto já me embalou.

Meu velho poeta, canta
um canto que me adormeça
nem que seja de mentira.

Caieiras, 25 de janeiro de 1954

As subterrâneas

Mais belas que estas flores
— mas muito mais — que florescem
atormentando mil verdes,
mais belas que estas vermelhas
incendiando o jardim,
onde mãos imprecisas
castigam querendo colher,
são as nunca nascidas,
são essas flores ocultas
em subterrâneo desejo.

Caieiras, janeiro de 1954

Canção antes solitária

A Sérgio

Em que outras noites
andei vestida
de ventos frios
nuvens molhadas
banhada em lua
de lua doida
quase sem carne
já sem meus ossos?

Em que castelos
de estranhos reinos
sofri morada
por tantas folhas?

Em que secretos
quartos proibidos
andei trancada
(os velhos quartos
que mastigavam
tanto mistério
e ódio tanto)?

Em que fundo poço
fui atirada,
meus silêncios
sem nenhum nome?

Perdi-me em sonhos
querendo a vida
e não vivendo.
— Ah minhas mortes
sem madrugada.

Pra que lembrança
roubei meus olhos?
Em que manhã
perdi-me ilha
atravessada pelo vento
na boca um nome
(disseram os peixes?):
vinha das águas.

Rio de Janeiro, outubro de 1954

Dentro dos olhos fechados

A Sérgio

Eu disse da espera sem palavras.
Que precisado é senão memória
se num silêncio assim virá a fonte
esperada e o desejo será tão alto
como o outro caminho do jardim
que se procura?
Acontecerá quando o vento unir
nossos ombros e tudo que não foi
será agora.
Manhãs abrirão e murcharão como
pássaros de ontem dentro dos olhos
fechados.

E o tempo dormirá em nossas mãos.

Rio de Janeiro, outubro de 1954

Ar livre

Dentro da noite, por tristeza,
mordo caquis — fere tanto
o tenro caqui enganando
o maduro da tristeza.
E vem a saudade-fúria
das rosas e dos morangos
comidos ao sol de maio
pensando que isso traria
a cautela de veludo
e o lirismo vadio
da alegria de ser tudo
(eu mastigava os verdes,
doida de amor devorava
os canteiros do jardim:
queria voltar à terra,
queria ser germe de novo,
queria queria ser terra,
dormir com o rosto no chão).

Fome, vem que não tem jeito.
Mas que sabes tu do pasto?

Rio de Janeiro, março de 1955

Cantilena em setembro

A Carlos Drummond de Andrade

E embora eu não quisesse
essa vontade estranha me anulou,
me fez somente desejo de sair
contigo pelo ar (na distância
uma cidade de pedra nos chamava),
te castigar de toda memória,
fugir com toda memória que trouxesses
e nela te guardar como coisa secreta
nunca revelada.
E de roer pacientemente
como fera verde teu passado
sem outro medo que o prolongamento
dessa impossível febre que me perturbara;
e por isso mesmo
depois de devastado embalar
teu sono de criança numa ilha
que a gente imagina e desenha no ar
ou nas ondas, e saber ficar
tão de manso como flor pisada
ou passarinho morto à pedrada
na beira do caminho.

Rio de Janeiro, setembro de 1955

Depois

A Carlos Drummond de Andrade

Depois da confidência
me retirei da tarde.
O céu ficou vazio
        vazio
onde era voo de pássaros
(os pássaros estavam quietos).
Uma febre roía meus ouvidos:
voltei mais velha (exilada)
com um toque de infância entre meus dedos,
reserva de sal dentro dos olhos.

Rio de Janeiro, setembro de 1955

Do outro lado

A Carlos Drummond de Andrade

Mas embora seca eu estivesse
a fonte longamente esperada
abriu-se na manhã cinzenta
como noite clara.

Veio a vontade de dizer as coisas
mas as coisas se atropelaram.
Depois, as luzes avistadas eram
de cidade tão estranhada agora
que eu mudara para outra não sabida.

A lua, a sempre mesma (verdadeira),
era parca. Crio outra lua
que melhor destile
tua tristeza minha tristeza.

O caminho não é mais só pela calçada:
brincando de fantasma, gênio das águas,
o menino de pedra finge dois passos a mais
comigo — seguimos de mãos dadas.

Suspensos num jardim suspenso
— invisíveis, penso —
devoramos um inteiro
canteiro de estranhas folhas.

Melhor talvez fora cortar
as flores divisadas
e replantar
outras que nos bastassem.
Jardim incultivado: nosso remorso.

Rio de Janeiro, setembro de 1955

Abstrata

A Carlos Drummond de Andrade

Há horas não sou — e me pressinto
no que não sou e me visito
no relógio, no vazio do tempo
onde, irmãos na solidão,
a confidência teceu um elo
invisível a nos unir.
E me pergunto se me começo a ver no escuro
que não o desta casa mas de outra
— geografia vedada a um mesmo uso.

E penso no que serei agora:
passeio de quartos da casa que não sei,
fantasma.

Rio de Janeiro, setembro de 1955

Poeminha para Flávia

Flávia, você é bela e forte e sábia
como o vento que destrança os cabelos n'água
como a flor que na água se desfaz em água
como o silêncio perfeito do fundo d'água.

Flávia, você é bela
como suas mãos de asa, que fingiam pássaros
quando você era bem pequenininha.

Rio de Janeiro, março de 1959

Construção

Eles são donos do mundo
e não sabem disso.
Daqui os vejo
bem no alto contra o espaço,
eles vêm e vão
pássaros sérios
deslocando nuvens.
Daqui os vejo criando
essa explosão precisa
de ferro cimento e paciência
— agora um bem pensado
esqueleto de superpostas vigas.
E a gente fica cismando como é belo
o que eles criam e o simples permanecer
de um operário no alto da sua construção.
O pequeno quadrado (que será elevador)
desce e sobe por ossos de madeira
do poço por eles trabalhado.
Eles constroem o mundo
eles divididos mas tão fortes
eles são o mundo
e não se importam.

Eles levantam os castelos de agora
castelões provisórios no alto de suas torres.

Comentário

O amor é um peixe cego.

Amor é amar absurdo:
a coisa provisória,
o amor abrumado,
falta de paz.

Amor é um peixe cego
e a água nos chama
fria.

Rio de Janeiro, março de 1959

Eu poderia não ser

Eu poderia não ser, solidão,
esse jovem animal selvagem
que deglute o teu bruxedo
— cumeeira e soterrâneo,
arquitetura da destruição —

mas não quero outra coisa.

Rio de Janeiro, abril de 1959

Conversa desatada dentro da noite

(Solilóquio)

A Marie José e Octavio Paz

Viver é desejar o ontem? É o chafariz no parque a cor das garças. Você pergunta: sobre o que conversariam se não falam e não se entendem?
— Mas não vê? É um centauro. E com um centauro há muito o que fazer.
Viver é esquecer nos cantos. E os cantos: quatro. E pronto, você disse. Dizer é deixar fechada a pérola na concha. Há muito se acabaram as ilhas. E Agora? Agora é desaprender auroras.
A folha come seu sapato e o botão caiu dentro do rio. Psiu, não vá acordar o calafrio. Os peixes morrem antes da tona, o marinheiro disse. Dentro do mar, as nuvens que esperem! Elas é que trazem o frio. Dentro do bar e do barril, vinho é canção de loucos. De loucos e de esôfagos.
Sorrir é dizer o que não disse. Atravessar a rua é destruir o sol. Que é pouco mas enche uma ilusão e cabe aqui num pouco desta mão. Comer caquis é o mesmo que cuspi-los. Ternura é o mesmo para dentro e para fora. Espero ainda não perder o trem.
— Mas já lá vão os trinta e seis: não é correto deixá-lo envelhecer. Você não sabe quando é tempo? Passou. A flor se fecha dentro de gritos; não há ninguém no mundo para abrir.
Passou um guarda no apito. Por entre as árvores, os telhados voam para o chão. Por entre os dedos vê-se o infinito. Os bondes pensam que correm sobre trilhos. O muro é pouco para conter a mata.

— Você ouviu o corrupio? Não vá acordar o mulato. Vi muitas coisas por aqui, não se espante. É só a perna do manco. E do elefante.

O sol cansou de esquentar a mina. O poço perdeu o gosto da manhã.

— Eu não disse que era demais para dois? A um pouco de vento sempre se perdoa. Mas é demais o seu ciúme! Vou me esconder no alçapão: aqui há sempre um arbusto que mantém frutos maduros. Mas não estar seguro! Isto eu queria lhe dizer: manhã e vento nunca se combinam. E é muito o ter de repartir-se.

Nem todo o orgulho pode redimir. A chuva molha sempre os mesmos ossos. Há muito ninho por ser destruído. Não devias ter chorado nunca: o cais já tinha a chuva e a noite, a madrugada. Por enquanto ainda não perdoo: eras o último homem que poderia chorar na noite. O jantar dormiu sob o garfo. A cerveja e a cereja destruíram o desejo. Antes que acabes, quero destruir-te (depois de cinco pedaços de tempo voltas e te fixo). Mas antes que acabes, quero destruir-te.

Viver é desejar o ontem — então nos perdemos.

Rio de Janeiro, junho de 1959

Veneno em Ouro Preto

Imóvel tempo imóvel
seria se pudesse ser
e não é, mesmo reconhecendo
esse abrumado rosto que espia
dos corredores mágicos
que se desdobram
desde as portas da infância.

Ogre, teu veneno (terá
destruído minha cidade?)
alastrou teu rastro
na folhagem onde passo
e me disfarço.
Claro mistério, terra,
bicho telúrico,
que já não sei
se lembrança ou permanência
do que foi e será sempre agora.
Agora: inauguração de manhãs
de riso solto nas sacadas
saudando o absurdo
da porta que jamais abrimos.

Ouro Preto (MG), abril de 1967

Os selvagens

Those who invade the heart approach by night.
George Eiten

Aqueles que são selvagens se aproximam
                                        pela água
e procuram o jardim secreto no sumidouro
                                        do rio.
Seus corpos são mágicos espelhos provisórios
na tranquila desordem de planta inaprendida.
Peixes olham para eles como se os conhecessem
                                        sempre
(são de um mesmo reino impreciso e líquido).

Aqueles que são selvagens não têm pressa
porque inauguram o tempo
                    e o magiciam.

Rio de Janeiro, setembro de 1967

Nas ruínas do convento de Angra dos Reis

A Virgínia Quental

O tempo aqui não mais se move
embora do alto das ruínas
se testemunhe a vida descorando
entre úmidas folhas — nódoa
da tranquilidade na erosão.

Nossos passos imitam cautelosos
ao afastar de folhas e raízes
um vago som de água a cair.

Aqui foi uma cozinha
e a gente prende o ar julgando ouvir
desalinho de vozes retidas — alegria.

Paredes tombadas, janelas no vazio
dando para o mar à nossa frente
ou para nada,
raiz na antiquíssima parede,
musgo em sono esquecido longamente
como um desenho japonês — musgo no muro.

E o tempo aqui não mais se move
quando o silêncio fica e é
                        como todo o resto.

Angra dos Reis (RJ), fevereiro de 1968

Ouro Preto I

Esta cidade é muito perigosa.
Coisas pensadas como em segredo
e no mistério do tempo invioláveis,
coisas antigas correm pelo vento
como se o vento as visse e nem notara.
Duro é o roer das pedras como selvagem
desgastar de dentes no silêncio morno
da tarde que se esvai como fruto podre
ao som do bater de asas dos teus pássaros
da memória de uma outra cidade imóvel
dentro de ti e do som de teus sapatos.

Esta cidade é muito perigosa
— dizem os cabelos que enxugo na janela
enquanto o riso é solto e o amor, retido.

É montanha e há água em toda parte.
Como selvagens, banhamos ao pé da estrada
e alegremente fincamos nosso medo
no fim que não vemos da mina
                                        cheia d'água.

Esta cidade é muito perigosa.

Rio de Janeiro, dezembro de 1968

O caramujo e seu espelho

A Carlos Drummond de Andrade

Caramujo
concha
coral mais que escondido
Vaga
onda
menos real que pressentida
Vento
fumo
acostumando ao sono
Margem
meio
submergidos no silêncio
Ganho
perda
na mais ausente permanência
Igual
espelho
fragmentado como o riso
Jade
mar
água mais que ferida
Sal
espuma
abalando viga submersa
Espelho
reflexo
de um mesmo revolvido interior
Reserva
mudança

de frio escondendo a chama
Calma
guerra
que se move não se sabe onde
Lasca
seta
inserida agora e no que foi
Ferro
fera
pedra suportando tantas cicatrizes
Sol
fogo
marcas de fogo como línguas.

Rio de Janeiro, janeiro de 1969

Jogo na tarde

A Carlos Drummond de Andrade

Desafio um deus tardo
que te mostra e esconde
como jogo de vagas submersas
ao aproximar do som de teus sapatos
pisando cuidado e aéreo ferro
em tua pupila azul doce-feroz
— concha aturdida que se anuncia
no último cristal da tarde.

Mariscos que se incrustam no teu flanco
e te ferem sem que alguém os possa ver
são os sinais da violência interna,
a marca do fogo, fera-caramujo
impassível de serena aparência.

Imaginado
eras único ser que se percorre
entre o sal e duas ondas.
Então leio teus versos como leio a água
e vejo claro o cristal na tarde
em que te exaures.

Rio de Janeiro, janeiro de 1969

Um dia, ossos

A Hélio Eichbauer

A manhã trouxe surpresa de ossos
guardados em gavetas ou organizados
atrás de opalescentes, dourados vidros,
no corredor propício ao mistério.
Então é o susto nos olhos
e o medo nas mãos inábeis
tocando toda essa precária
matéria antiga, encardida,
e tirando no toque o som
de uma música escondida
nessa antiquíssima,
milenar memória.

Rio de Janeiro, janeiro de 1969

Numa praia deserta

A Carlos Drummond de Andrade

Para que servem conchas
na deserta praia, para que servem
esses bocados de algas e sargaços,
se não estás aqui e de nada adianta
apanhá-los para te dar.

Sei fazer poemas: de que servem?
Nada sei do mar.

Rio das Ostras (RJ), abril de 1969

Ouro Preto II

A Ninita Moutinho e Jacqueline Castro

Porque há aqui um tempo exato
ainda contínuo movimento
atualizando o passado — que somos nós
enquanto ele perdura (o tempo
nos destrói e nos preserva);
tais coisas num caule de flamas
do mesmo modo indiferentes
são como cabelos em ordem
no fundo dos retratos
antigamente.

Ouro Preto (MG), maio de 1970

Ouro Preto III

A Lilli Correia de Araújo

Ouro Preto no inverno, uma manhã,
é cicatriz.
No alto, a praça nítida
e o bairro de Antonio Dias,
embaixo, derruído em bruma.
Por entre a cortina azul
filtra-se o azul no azul
do vidro da janela antiga:
— Bom dia, magia.
Deitada vejo tudo — intacta —
como uma boneca de corda
sem corda há muito tempo.

Ouro Preto (MG), 8 de julho de 1970

Arraial do Cabo

A Elizabeth Lins do Rego

A casa é um navio cego.
Caramujos oferecidos por crianças
esperam sobre o parapeito
— falsa paz, imponderável astúcia —
          uma aventura.
Ouvidos provam essa arquetípica memória
(que outra coisa sabe a concha senão o mar?)

Arraial do Cabo (RJ), agosto de 1970

Fogo

Dar-me toda a este verão
urdideiro de rios, é ser
serpente de prata. Verão,
foi feita mais uma vítima.

Sou um ser marcado, natureza.
A tarde crava em meu magma
o selo de sua secreta pata.

Recife (PE), março de 1971

Ar

É da liberdade destes ventos
que me faço.

Pássaro-meu corpo
(máquina de viver),
bebe o mel feroz do ar
nunca o sossego.

Arraial do Cabo (RJ), 1972

A água

se enovela pelas pernas
em fio de vigor espiralado
sobre o ventre e alto das coxas.
O orgasmo é quem mede forças
sem ter ímpeto contra a água.

Rio Quente (GO), maio de 1972

Terra,

em golfadas envolve-me toda,
apagando as marcas individuais,

devora-me até que eu
não respire mais.

Rio de Janeiro, 1972

Ciclos

O poema inventa o silêncio,
o tempo é reinventado no poema.

Esperemos o que virá
substituir a palavra silêncio.

Rio de Janeiro, 1973

Quarto de nuvens

Quase mineral, jazente
ajaezada, escondo-me gelada
no silêncio mais fundo da palavra.

Não sei mais do alto, só o que vejo
das nuvens fechadas atrás dos vidros
da janela onde passam espelhando
o exterior nos vidros da vidraça.

Não falo mais do céu fora de alcance;
falo do que os pés alcançam,
falo da terra que me cabe,
da terra que me cobre
e que me basta.

Rio de Janeiro, 1975

Living

Fingido abrigo de floresta em densa trama,
nesse teto branco já voaram garças
e o mar foi sentido muito além das coxas.

No entanto a família a vê
estática, séria, muda,
enquanto ela cavalga sem freio pela sala.

Rio de Janeiro, 1971

Viagem

Busco a paisagem
do que há em mim:
viajo na mata
sem sair do quarto.

Lua na água,
água no silêncio,
silêncio na sombra.

Magia e perigo
um pio de pássaro.

Faço do meu quarto
um labirinto:
espelho a paisagem.

Rio de Janeiro, 1971

Resumo

Palavras, antes esquecê-las,
lambendo todo o sal do mar
numa única pedra.

Fortaleza (CE), julho de 1972

Mutante

A Santiago Kovadloff

Sempre vivi perto do mar.

Entro na água e logo a terra
torna-se uma memória antiga.
Saio
e a água volta comigo:
as gotas são em meu corpo
escamas.

Mar del Plata, Argentina; Maldonado, Uruguai,
22 de dezembro de 1973

Esfinge de repente à beira d'água

A Ray Bradbury

A maçã à beira d'água,
a maçã vermelho-ímã
da areia me interroga
— estilhaço da beleza.

O medo me chama pelo nome,
o pânico me colonializa.

A maçã, agora enigma,
é o nome do meu medo.

Arraial do Cabo (RJ), agosto de 1974

Altaonda

A Carlos Drummond de Andrade

Alta onda,
Altaonda, constrói o teu retrato
de raro sal de ferro, violento,
e esta imagem me invadindo as tardes,
eu deixando, certo certo
contaria todos os meus ossos.

Então é isso:
o rigor da ordem sobre o ardor da chama
de história simples com alguma coisa de fatal,
estátua banhada por águas incansáveis,
tigre saltando o escuro
nos degraus da escada, apenas pressentido,
este ir e vir sobre os passos dados,
rua sem saída, esbarro no muro.
Altaonda, diz teu silêncio,
um silêncio ao tumulto parecido,
um mistério que é teu signo e mapa
sumindo no fundo do mar.

Rio de Janeiro, 31 de outubro de 1977

Ser

o sexo tão livre, natural,
obsessão de areia e seixos rolados:
regresso à água.

O segredo

Entre pernas guardas:
casa de água
e uma rajada de pássaros.

Vida I

A árvore que persigo mato adentro
navega no espinhaço deste tempo.
Mordo seus frutos como se eu mordera
a agreste cor de tua carne roxa
com a fúria de rios pelos joelhos.

Selvagem é o coração da terra
e o meu.

Vida II

Quase não falo e do mundo
não quero nada do mundo;
só um aceno, alguma espiga
e apenas esta pênsil
adaga nua
que se dilata
em aéreos jardins de espuma
sitiando a forma viva.

É permitido jogar comida aos animais

A sombra vindo da floresta
cobrindo-nos como um toldo,
os anéis de folhas e raízes
e os véus de areias e marés,
a água vindo em meio ao fogo aceso,
olho no olho o bicho que me espreita,
ponho-me nua para ser domada
e o coração do magma eu atiro à fera.

Guerra santa

Tenho um medo da fera que me pelo,
ao vê-la quase perco a fala
(embora seja a fera o que mais quero)

mas reagindo digo-lhe palavras doces
e palavras ásperas, torno
igual minha voz à voz dos bichos

para seduzi-la ou para intimidá-la,
para que pontiaguda me tome das entranhas
depois de dilacerar com as garras meu vestido.

Rota

Que arda em nós
tudo quanto arde
e que nos tarde a tarde.

Nome I

Dar às coisas outro nome
que não o vosso, amor, não pude.
Nem pude ser mais doce e sim mais rude
por conta das lamentações mais ásperas,

por causa do agravo que pensei ser vosso.
Amor era o nome de tudo, estava em tudo,
era o nome do macho cheirando a esterco,
a frutos passados e a raízes raras.

De posse da intimidade da água
e da intimidade da terra,
a animais vorazes é a que sabíamos.

Amor é com que me deito e deixo montar
minhas coxas em forma de forquilha e onde
amor abre caminho pelas minhas águas.

Nome II

Diria que amor não posso
dar-te de nome, arredia
é o que chamas de posse
à obsessão que te mostra
ao vale das minhas coxas
e maior é o apetite
com que te morde as entranhas

este fruto que se abre
e ele sim é que te come,
que te come por inteiro
mesmo não sendo repasto
o fruto teu que degluto,
que de semente me serve
à poesia.

Frutos

Não me agradam os frutos ainda verdes.
Aquele que me agrada é belo como
um fruto maduro, até passado.
O que me agrada tem na saliva
o odor da seiva da caneleira.
O que me agrada ruge palavras
— estas — secretas e devassas.
Aquele que amo desencadeia
em mim e nele esta paixão
na interpenetração de seda
        e violência.
O que me agrada, toda úmida,
me faz bela como nenhuma outra,
tendo minhas pernas coroando
        suas ilhargas.

Coração subterrâneo

Tempo de terra e de água é este tempo
do corpo que no outro não procura espelho
mas conhecimento ávido, progressivo e lento,
pasto de magma alimentando o ventre.
Amando e se tornando amado, o corpo
do outro é de repente nosso corpo
e dentro, coração subterrâneo,
no pequeno mato solta seus cavalos
cadenciadamente.
Como de bilha derrubada, a água fresca
e o mel-salsugem, em pulsações sedentas,
faz no tear interior do outro corpo
desenho de vida nos que estão morrendo.
O sortilégio de uma palavra
há que ser gritado como o desenfreio
dos cavalos e da bilha derramada.
Porém, calado, o tempo é dos amantes
e, deliquescidos, eles não dizem nada.

Acomodação do desejo I

Quando abro o corpo à loucura, à correnteza,
reconheço o mar em teu alto búzio
vindo a galope enquanto cavalgas lento
meu corredor de águas.

A boca perdendo a vida sem tua seiva,
os dedos perdendo tempo enquanto
para o amado a amada se abre em flor e fruto
(não vês que esta mulher te faz mais belo?).

A vida no corpo alegre de existir,
fiquei à espreita dos grandes cataclismos:
daí beber na festa do teu corpo
que me galga esse castelo de águas.

Acomodação do desejo II

Dos que se amam na cama rente às nuvens,
nestes jardins ferozes, vê-se que amanhecem.
Nela, anca e espáduas eram como água.
Nele, tudo semelhante à terra. Seus corpos:
êxtase e terror dos deuses.
Que o comova o silêncio de seu corpo morno,
o fragor mudo do seu corpo desabado.
E que ela se abra como se abre uma urna
que se abre não revelando o conteúdo.

Acomodação do desejo III

Deito-me com quem é livre à beira dos abismos
e estou perto do meu desejo.

Depois do silêncio úmido dos lugares de pedra,
dos lugares de água, dos regatos perdidos,
lá onde morremos de um vago êxtase,
de uma requintada barbárie estávamos morrendo,
lá onde meus pés estavam na água
e meu coração sob meus pés,
se seguisses minhas pegadas
e ao êxtase me seguisses
até morrermos, uma tal morte
seria digna de ser morrida.

Então morramos dessa breve morte lenta,
cadenciada, rude, dessa morte lúdica.

Avesso

E torna a acontecer em nós um tempo não havido,
o muito-e-pouco amor que não tivemos,
paixão que nos abocanhou de assalto
como serpente alerta para o bote.
Tantas coisas pensadas, o ensaio de dizê-las,
a tentativa de dizer o que não foi dito.
A dor da vida que por ser vivida
é também prazer e é delícia,
meu amor se amolda nessa falsa paz
de pedras onde firo e sou ferida.

Força é lamber o sangue derramado
nessas mesmas pedras, falso rio,
em que visceralmente
— melhor: uteralmente —
domo, sou domada.

Em uso

Não acredito em empertigadas metafísicas
mas numa alta sensualidade posta em uso:

que o meu homem sempre esteja em riste
e eu sempre úmida para o meu homem.

Ser

essa boca cúmplice e insensata
tangendo a mais antiga e solitária ária
na anfíbia flauta do teu corpo.

Teipó*

Tudo o que sei
aprendi da água, ela diz.
E arde sem saber.

* Do tupi: "finalmente". [Esta e as demais notas são da autora.]

Acrobatas

Na corda tensa dois iguais.
Assim, por que é perturbador
outro animal nos olhar de frente?

Nome

E este amor doido,
amor de fera ferida,
é esse amor, meu amor,

o próprio nome da vida.

Hora do recreio

Comer, quero comer
o bicho de três patas:
roê-lo até o osso.

Amor

deve é ser comido
qual fruto — verde ou maduro —
mesmo sem vontade?

Amor:

o que importa
é a fome, o comer
não importando o fruto?

Entre erótica e mística

Antes que me esqueça,
Poesia, as palavras não só combato:
durmo com elas.

Do que se fala

Em minha poesia
não é só natureza a natureza.
Ao dizer mar
não é só de mar que estou falando.
Falo do falo; o mais, pretexto
quando é à água que me rendo
no mais alto ponto do orgasmo,
no auge mais auge a que chegar eu pude
em honra da água — mas água do corpo —
quando é à água a que se alude.

Yruaia*

Par abissal
num mar em fúria
eis-nos tangidos:
navio alado.

Amo este começo de água
lá onde és roxo
e não te escondes, te dás
sem te entregares nunca

(mas se não te entregas,
então quando?)
Amo este início de água,

água onde começas
quando em ti levanta
este levante de pássaros.

* Do tupi: "canal que não seca".

Signo

Há tanto tempo que me entendo tua,
exilada do meu elemento de origem: ar,
não mais terra, o meu de escolha,
mas água, teu elemento, aquele
que é o do amor e do amar.

Se a outro pertencia, pertenço agora a este
signo: da liquidez, do aguaceiro. E a ele
me entrego desaguada, sem medir margens,
unindo a toda esta água do teu signo
minha água primitiva e desatada.

Çaiçuçaua*

Sempre o verão
e algum inverno
nesta cidade sem outono
e pouca primavera:

tudo isto te vê entrar
em mim todo inteiro
e eu em fogo vou bebendo
todos os teus rios

com uma insaciável sede
que te segue às estações
no dia aceso.

Em tua água sim está meu tempo,
meu começo. E depois nem poder ordenar:
te acalma, minha paixão.

* Do tupi: "amor", "amado".

Iraruca*

Destino é o nome que damos
à nossa comodidade,
à covardia do não risco,
do não-pegar-as-coisas-com-os-dentes.

Quanto a mim,
pátria é o que eu chamo poesia
e todas as sensualidades: vida.

Amor é o que eu chamo mar,
é o que eu chamo água.

---

* Do tupi: "casa de mel".

Só na poesia?

Eu te pareço bela ou bela
é só minha poesia quando
só assim me entrego?

Depois de derrubada, foi em mim
que te ergueste fortaleza
— fortaleza de água, de igapó
e igarapé (a que me comparas).

Então aposso-me do teu rio
que corre para minhas águas
e me carrega ao momento de entrega:
ensolarada.

Uquiririnto*

Nada digo que me preserve ou justifique.
Só diria: para ficar viva
inevitável foi pôr no dedo o anel da morte.

O amor é silente e violento
mas que disto não se fale:
amor e palavras pouco se combinam.

Que és o mar, meu mar, eu sei
mas sobre isto não direi palavra alguma.
Falar é que não pude pois sou tímida.

Então só ardia.

---

* Do tupi: "mudez", "calar", "silêncio".

Cateretê*

Cada dia uma conquista,
caça que me é amor,
sempre uma possibilidade,
nunca uma afirmação.

Poesia: fera absoluta,
escorregadia enguia,
água, bicho sem pelo
onde poder agarrar

e onde se tem a mão.

* Do tupi: "o que é muito bom".

Gesta

Onde começa e acaba
estando em tudo e em nada
estar na origem: água.

Adversária

Adora tentar dobrar
a espinha dorsal de um homem,
muito mais quando não pode.

Fruto

Melancia, o nome
faz-se de açúcar e água:
congelada lava.

Registro de nascimento

De verdade nasci em 1967.
A vida pegou-me a mão, mostrando:
esta sou eu e minha possibilidade.

Por vinte anos, calma desesperada,
rondei os caminhos da sombra,
cortejando a cara da morte, fera.
(Não te mataste e não te vais mais).
E assim é, Gullar, que estou presa
à vida
como a uma jaula.

Presente Carlos Drummond de Andrade

Rosas vermelhas as mais
vermelhas já ofertadas
vêm na crista da manhã
trazendo-te, amigo amado,
acompanhando o poema
que de tão belo e tão terno
empina alegria qual pipa
e a luz deste mais dia.
Mesmo depois de secas
estas flores guardarei,
duas dúzias na braçada
nunca mais nenhuma igual.
Amizade-quase-amor
ou amizade amorosa,
o presente é tua presença
imponderável nas rosas
e inteiro no poema.

Buenos Aires à noite

Gente em automóveis, ondas vivas
desafiam o tórrido olho da cidade
que não dorme.
Risadas, palavras altas
alçam-se aos últimos andares,
um grito e buzinas dão no mesmo,
a vida alerta espera.
Espera o quê?
Alardeando um *matrimônio*, como dizem
de recém-casados, escrito a giz branco
nos vidros, às vezes passa um carro,
bicho estranho com latas atadas
a barbantes, como cauda.
Saudade não tem equivalência em outra língua
e é pra sentir. Corrientes, Lavalle, Florida,
quando dormem?

Cachoeira de Brumado

Moendo milho o moinho movido à água,
o torno torneando gamelas de pedra-sabão,
os fifós de lata de tudo quanto é jeito
(óleo de cozinha e auto, de leite em pó),
as mulheres colhem pita, deixada na água
para apodrecer e depois de seca ao sol
o cerne é tecido em tear manual: tapetes.
Colhido no roçado o feijão verde é presente
da mulher de *seu* Artur Pereira (fazedor
de bichos em madeira, por exemplo onça
sem nunca ter visto uma) mais arroz novo
pilado, de cinza e sebo o sabão escuro,
puro, feito no tacho sobre chamas de carvão
alimentadas pelo abanador no fogão de lenha.
Na cordialidade de quem tem vagar de ser
cordial, laranjas do quintal ofertas à vontade
são a Lili Corrêa de Araújo, Ninita Moutinho
e eu (bem-educadas, comemos duas),
ramos de violetas acompanhando versos,
declamados pelo dono da casa ao cair da tarde
(longos demais porque longo é o tempo)
nestes vales escondidos do interior
das Minas Gerais.

Procura de Itabira

A Carlos Drummond de Andrade
em seu aniversário de 31 de outubro

Só ferro.
Nem silêncio
nem mais calma
nem nada.
Nada da infância
no lugar da infância do poeta.

O Pico do Cauê,
desbastado em mais de 600 metros,
não tem mais a forma de vela de navio
e é agora uma plataforma lisa onde
máquinas da Companhia Vale do Rio Doce
mamam ferro incansavelmente.

Entro em casa do poeta
pela grande porta azul
no sobradão branco da rua Municipal.
Piso o pátio da entrada,
subo a escada, visito
— uma vez visita —
a sala de visita
e a espaçosa sala de jantar
cheia de portas (uma delas a adega,
a outra dando para o pátio interno
onde o menino antigo plantou
um coração de cimento,   ›

hoje uma roseira fincada no centro
da terra que é o coração
desse brinquedo de menino).

No sobradão antigo, tantos quartos...
Entro em todos. Um, pequeno,
é o quarto que era do poeta
(quase em frente à sala de visita).
Da janela do lado, o menino
via o Pico do Cauê.
Agora o Pico bateu asas.
Alguns segundos me perdem em cisma
nesse quarto: quedê o menino, quedê
o reino perdido, quedê o tempo?

A casa-grande da fazenda,
da Fazenda do Pontal, já não há:
água comeu
pra dar lugar a uma represa.

A visita à casa do menino
é saber no tempo a perda.
Perdeu-se a infância.
Fugiu a serra em vagões transportada
mas paira na cidade,
não britado, íntegro,
retido no tempo
o perfil de ferro do menino
— e este não passa.

Ábaco

Lembro-me como se fosse hoje:
no mato sem cachorro,
mesmo sem cão, não caço com gato
mas tiro meu cavalinho da chuva.
Tarde aprendi que mais vale
um pássaro na mão do que dois voando
e que uma andorinha só não faz verão.
Apanhando como boi ladrão,
o homem é o lobo do homem.
— Ah King Kong,
cada macaco no seu galho.
Sem jeito mandou lembranças.
Boa romaria faz
quem em sua casa fica em paz.
Esperarei sentada.
Vivaldi, vida vida,
noves fora: nada.

Grande coisa

O que se detesta:
aquilo que nos domina?
Assim medíocre é o amor.
Sagrada seria a ira
mais poderosa e fatal
do que o ódio e o desejo
de ir embora e ficar?

Do amor se diz: um monumento!
quando ele não é nem castelo,
palácio fortificado, fortaleza,
catedral, mosteiro, balneário,
sequer o mais remoto refrigério,
o alto da montanha ou o deserto,
se nem escadaria é.

Limbo

Não perdi o bonde
porque bondes não há mais,
perdi foi a esperança
nada mais tendo a perder.

Por detestar a tristeza
me comando não ser triste,
então já não sei o que sou
e onde, assim vaga, em riste.

Em meio à noite bebo o silêncio
das casas e nuvens podridas:
as cidades nos têm
sem nos re-
             ter.

Encontro marcado

A Fernando Sabino

Olho o bicho de frente:
não é bonito nem feio,
me bota a pata no peito,
me olha com destempero.

Eu o espio cara a cara
que dele não tenho medo
embora seu nome seja
nada menos: desespero.

Vamos, bicho, de mãos dadas,
confrontar tuas irmãs:
bom dia, desesperança,
boa noite, solidão.

Jacaré

Jacaré de rio,
do rio Amazonas
e seus afluentes
ao Paracatuba
do belo Pará,
faço tremer o chão
sob os vários pés.
Rujo igual leão,
urro como touro,
desafio à luta
tudo quanto é macho.
Sobrevivo às eras
no Sul da América
do Norte, no Norte
da América do Sul
e ao longo do vale
do rio chinês Yang-Tse.
Por que só em lugares
tão distantes um do outro
ninguém explica ou só
a Pangeia é que explica,
é enigma, mistério
de jacaré.

Tamanduá

Cada dia a língua
do desejo reinventa
cupins e formigas.

Nome I

Vede que perigosas seguranças!
Camões

Ouvi teu nome, amor, por vários nomes
quando tentado era nomear
o inomeado.

Os vários nomes, amor, por que te chamam,
por nenhum deles pude
te chamar.

Nome II

Eu disse o nome do amor muito sem cuidado.
Disse o nome do amor quase por acaso.
Disse o nome do amor como por engano.
Ainda assim
meu corpo ficou cheio como um rio
da terra o coração habitando.

Ode a um etrusco

Bom é reconhecer-te após milênios
ou bem mais, homem, companheiro,
é que me reconheças como a um bicho
igual pelo cheiro, pelo jeito, pelos gestos,
pelo gosto de velar animaizinhos
acabados de nascer, de contar
juntos nossas origens tão distantes.
Sei que te sei pelo que sabes da Mulher.
Em que século, milênio, encontramos
esse mesmo desenho de olho, ossaturas
orientais, a nós tão comuns?
Rimos juntos mas depois na água
eis nos tornarmos sérios, graves:
desceu uma veladura sobre teus olhos,
algo sombrio e antigo no que olhavas,
que não entendendo, achei de compreender.
Nem nos tocamos, apenas de hálitos
bem próximos, quieto fogo circundando
aqueles que se reconhecem pelo olhar,
velado magma ou coisa que o valha.
Nessa noite, se tens mulher, nela entraste
melhor que nunca porque era em mim
que adentravas.

Sem escolha

Qualquer imagem por mais que a olhe
o que eu vou ver sempre é tua imagem.

O cheiro do mar, dos frutos e folhagens
e da terra seriam só teu cheiro.

Tua bela e modulada voz mais que tua
é a perfeição do vento desfazendo areias.

Mistério é o teu mistério erodindo dunas
e criando lagos onde nada havia.

A vida há de passar sem que tu passes
e eu não passarei porque contigo fico,

ó meu amor feito de horror e calma,
único aplacamento de tua inquieta amada

que te odeia e te adora e te rasga o ventre,
tua amada feita de dança e maré-cheia.

Amor?

O que será:
este labirinto de perguntas
e resposta alguma,
este insistente rugir
de pássaros, este abrir
as jaulas, soltar o bicho
no velo que há em nós,
delicado/ feroz morder
(deixa sangrar)
o outro bicho (deixa, deixa)
e toda esta parafernália
a parecer truque enquanto
obsediante você mente
embora acreditando nas mentiras
e eu use os piores estratagemas
para cobrir-me a retirada
desse vicioso campo de batalha?

A lírica encarnada de Olga Savary

*Selvagem é o coração da terra
e o meu.*

Olga Savary

Olga Savary escreve o corpo com palavras que inscrevem o desejo no mundo dos prazeres, infinitos mesmo quando realizados, e também renováveis, pois em estado de germinação constante. Daí a imagem do coração selvagem e subterrâneo equiparado ao cerne pulsante da voz que escreve. Subterrâneo não porque escondido, e selvagem não no sentido de bárbaro, mas ligado à dimensão primordial do ser carnal que somos, chamando a atenção aos elos entre a capacidade evocadora das palavras e as astúcias do corpo. Assim o poema não se furtará às imagens da sensualidade em fluxo, reinvestindo metáforas consagradas — o coração, a luz, a ilha, a fonte, as águas —, que, embora largamente utilizadas, não foram esgotadas em seus sentidos. Podem ser mais uma vez "causalizadas", como diria a poeta argentina Alejandra Pizarnik, apropriadas e investidas de um repertório de sensações singular que relance as cartas do amor lúbrico.

A metáfora do coração, como já assinalava María Zambrano, fala de um ritmo inapelável, de um centro que está confinado, mas sempre a ponto de romper ou de abismar-se, prometendo passar do som a uma espécie de fala que seria preciso aprender a ouvir na respiração sôfrega, nas acelerações e nas pausas repentinas. Equilibrada entre o indizível e a verborragia que rondam o tratamento do desejo em poesia, o conjunto que esta antologia reúne é uma das contribuições mais interessantes à lírica no contexto brasileiro. Transitará entre o culto do mistério ligado ao sexo e a vontade de franquear

limites, dizendo os excessos que conduzem ao ponto culmi-
nante de efervescência e ao vazio.

Sua poesia é lírica porque vinculada aos gestos de enun-
ciação que mobilizaram a ode (ímpeto de elogio e adoração)
e a elegia (algo foi irremediavelmente perdido), e por estru-
turar o poema como questão do endereçamento, de um dizer
que circula entre amantes nomeados e inomináveis, interro-
gando a dinâmica dos encontros radicais que desestabilizam
os limites entre o eu e o outro. Quando sua inflexão se torna
mais propriamente erótica, a escrita se sustenta no coração de
magma que precisa ser atirado à fera. Inevitável aqui deixar
de ouvir o eco do coração selvagem de Clarice Lispector, que,
noutros termos, também se dedicou a investigar a economia
do gozo, escrevendo o corpo em suas vias tortuosas, *crucis* e
prazerosas. Mas, enquanto em Clarice a densidade erótica se
valia das tensões do sentimento de culpa à sombra do pecado
cristão, em Savary ela se afirma como esplendor, numa espes-
sura livre de remorso, que talvez por isso precise se afirmar
selvagem e telúrica, buscando numa natureza, decerto ideali-
zada, um lugar de pouso.

Este livro dá a conhecer uma poética afirmativa do corpo
desejante, em que as figuras da entrega e do contato são bus-
cadas na expressão lírica de uma concordância fugaz. O nome
de Olga Savary se inscreve assim na história recente da lite-
ratura brasileira, na companhia de autoras como Hilda Hilst,
de quem foi próxima, e Leila Mícollis, cujos poemas também
contrariaram a tradicional partilha entre o gênio masculino,
criador, e as musas femininas, objeto passivo de inspiração.

Essa sexualização dos lugares criativos, em que o sujeito
que escreve o seu desejo foi colado à perspectiva masculina e
o seu objeto de desejo, identificado à figura feminina, encon-
trou contrapontos desde cedo. Disso dão testemunho os ver-
sos de Safo e o erotismo narcótico de Madame de Staël. En-
quanto questão extraliterária ou que ultrapassa seus limites,

a expressão da volúpia e dos prazeres sexuais foi interditada às mulheres por meio de diferentes políticas morais que visavam (e em certos contextos, ainda visam) a reconduzir os excessos do desejo sexual aos limites da reprodução, preferencialmente dentro do casamento. O erotismo é culturalmente disfuncional porque se opõe à função reprodutora do amor, por isso as lésbicas, as prostitutas e as mães que abortavam eram vistas como ameaça à norma sexual segundo a qual o corpo feminino sexualizado só poderia existir exercendo função de transmissão hereditária e perpetuação da espécie. O controle moral e político dos corpos se desdobrava em controle da expressão do desejo e dos prazeres das mulheres, tornando-se então problema literário. Assim, o erotismo como coisa literária, sustentado por uma perspectiva feminina, teve seu acesso em geral dificultado, quando não foi sumariamente desconsiderado ou reduzido à extravagância. José Paulo Paes, em *Poesia erótica em tradução*, antologia por ele organizada, já apontava para o problema da dominância do discurso falocêntrico nesse âmbito:

Patente ao longo de todo itinerário da poesia erótica do Ocidente, essa reificação da mulher aponta para a hegemonia quase total de um discurso por assim dizer falocêntrico em que o Eros feminino só aparece como ausência ou como vazio delimitador.*

A poesia de Savary contraria, portanto, essa longa história com versos de positividade erótica, afirmando o primado das delícias sobre o clássico motivo do desencontro, do sofrimento ou da falta amorosa. Não que seus poemas sejam uma celebração ingenuamente hedonista, há consciência ou intuição da perda

---

* José Paulo Paes, *Poesia erótica em tradução*. São Paulo: Companhia de Bolso, 2006, p. 16.

e de ausência de relação no encontro sexual permeando a sua escrita. Porém aqui o extravio do sujeito em direção ao outro, frequentemente tematizado na clave angustiada da falta, ao receber tratamento erótico torna-se um exercício fulgurante — manejo da palavra em direção ao ponto de perda que possa coincidir com um ponto de gozo. Nesse sentido é difícil e talvez inútil tentar saber se estamos diante de uma lírica em circunstância erótica ou de uma erótica em dinâmica lírica. Nos dois casos joga-se com a morte e com a perda de si.

Sem pretender fazer um perfil da autora, trago algumas breves informações que talvez ajudem a situar Olga Savary no seu tempo. Sua atuação no contexto literário e jornalístico brasileiro merece maior atenção em estudos futuros que poderão elucidar os diferentes momentos de sua trajetória, entre o sucesso inicial e a consagração crítica, passando pela atuação na imprensa alternativa carioca, até os últimos anos, em que sua produção poética se viu restrita a leitores especializados, com exceção talvez de sua aparição entre os poetas da antologia *Os cem melhores poemas brasileiros do século*, organizada por Italo Moriconi, em 2001.

Savary nasceu em Belém em 1933, mas passou a maior parte da vida no Rio de Janeiro, falecendo aos 86 anos, em 2020, infelizmente vítima de Covid-19. Sua trajetória como poeta, jornalista e tradutora é reveladora da complexa inserção de autoras no circuito literário e intelectual brasileiro. Em diferentes entrevistas contava que seu interesse pela poesia foi despertado pela leitura de haicais, tendo mais tarde traduzido autores seminais como Issa e Bashô, além de ter feito sua própria incursão pelo gênero no volume *Hai-Kais*, de 1986. Publicou catorze livros de poemas, um livro de contos e inúmeras traduções.

Estreou em 1970, com *Espelho provisório*, publicado pela José Olympio, pelo qual recebeu o prêmio da Câmara Brasileira do Livro. Sua poesia foi legitimada por nomes como

Ferreira Gullar, Antonio Houaiss e Jorge Amado. Teve livros publicados por importantes editoras, como Massao Ohno e José Olympio, e vários deles incluíam contribuição de artistas visuais. Casou-se em 1955 com o cartunista Jaguar — Sérgio de Magalhães Gomes Jaguaribe —, de quem se divorcia no fim dos anos 1970. Em Savary convivem, em contraste, a imagem da colaboradora do jornal *O Pasquim* e a poeta que queria tomar chá com os imortais da Academia Brasileira de Letras. De fato, em novembro de 1996, candidatou-se à Academia Brasileira de Letras, obtendo expressiva votação dos escritores da entidade (como Jorge Amado, Antonio Houaiss, Ariano Suassuna, Darcy Ribeiro, Dias Gomes, Eduardo Portella, entre outros), mas não o número de votos necessário. Ao deixar o *Pasquim*, depois de se divorciar de Jaguar, trabalhou como correspondente brasileira em diversos periódicos e atuou principalmente como tradutora do espanhol, tendo vertido autores como Borges, Cortázar, Lorca, Neruda e Octavio Paz. Embora tenha publicado ao longo dos anos 1980, Savary viu sua poesia deixar de circular nos meios críticos que surgiam, cada vez mais próximos e em diálogo com o contexto acadêmico que se renovava, passando a cumprir o papel legitimador que outras instituições e circuitos haviam realizado até então.

O corpo feminino mobilizado na sua poesia talvez possa parecer estranho a algumas vertentes militantes da crítica feminista atual, numa época regida por contratos, onde o gozo também é reivindicado como um direito. Mas é importante considerar que, nesta espessura lírica, a soberania se expressa frequentemente sob a forma de uma devoção refulgente e de uma idolatria excitante, o amante assim será um rei que é também vassalo, como já atestava o poema "Sumidouro", do livro *Magma* (1982). Hoje talvez mais acostumadas a compreender a autonomia do corpo feminino num quadro de valores e reivindicações jurídico-políticos, por vezes esquecemos que, para a poesia, a soberania do sentir segue uma lógica de outro tipo.

Tomar posse do próprio corpo na lírica erótica pode significar despossuir-se e se deixar possuir. Nesse contexto, a busca por uma satisfação orgástica não obedece aos parâmetros de equidade nem aos contornos sociais do que se convencionou chamar de "empoderamento", já que no campo do gozo os corpos se entretêm através de outras diferenciações e de outros pactos. A escrita como reformulação do corpo que deseja é feita por dentro da "queima dos sentidos" (Paul Celan); o que retesa o corpo desejado pode tornar as palavras inflamáveis.

Essa autonomia literária, que talvez resguarde uma porção de autonomia do desejo, não é pouco significativa. No poema pode-se habitar o corpo como espaço do íntimo contraditório. Enquanto a enunciação lírica por excelência se apoia nos vestígios do canto e se inscreve no presente das circunstâncias para reter a passagem do tempo, eternizando o sentimento amoroso numa dialética entre finito e infinito, o erotismo opera diferentemente, numa entrega que é pura intimidade com a morte, com o instante infinito em que se goza e com o nada. Livra a enunciação lírica do que aterroriza o sentimento amoroso — a sombra do (seu) fim. Ali onde o lirismo pressente uma falha e rumina a falta, o erotismo vê a oportunidade de uma entrega selvagem, rumo ao ponto luminescente onde se goza. Articulados no poema, lirismo e erotismo captam as excitações excessivas, que o corpo não pode reter e que a palavra vai acolher como um excesso que é preciso fazer circular.

Savary maneja sua voz nesse espaço eufórico em que se deixa levar pelo corpo, onde a palavra guia e dá os termos de um lance. Se o lírico sustenta sua palavra no gesto do endereçamento, o poema erótico aqui se baseia num gesto de oferenda, que radicaliza a expressão do desejo de contato. Se, como queria André Breton, as palavras fazem amor, é porque colapsam sobre uma linha de fuga dos sentidos e assim surgem imagens líquidas, solventes. A figuração dos amantes nos poemas de Savary desliza em imagens da natureza — quase clássica, profundamente romântica e idealizada —, quando evoca nossas raízes indígenas: muitas águas, caudais, termos náuticos em profusão, transmutações do corpo em elemento fogo e em água tentando plasmar as setas selvagens do desejo.

De posse da intimidade da água
e da intimidade da terra,
a animais vorazes é a que sabíamos.

A poesia não se quer mera expressão ou tradução da carnalidade, o poema é uma máquina que se alimenta do sêmen do amante para fazê-lo germinar em verso:

o fruto teu que degluto,
que de semente me serve
à poesia.

Em vários poemas nota-se uma tendência para a sublimação musical da língua; o seu não é um erotismo desenfreado, é construído, sobretudo por metaforização, quase à maneira clássica; recorre à natureza também como modo de romper com o modelo de individuação social que mantém os corpos presos em prazeres limitados.

Coração subterrâneo constrói um percurso fluente e de longo alcance que permite perceber as dobras dessa voz poética. Inicia em 1947 com o poema "Mito", em que a voz poética se identifica francamente com a posição de idólatra, e termina com o poema "Amor?", que trata de um "vicioso campo de batalha" onde com mentira e fingimento os amantes se mordem e se convocam, feito animais no cio, entre perguntas que giram sem respostas.

Há na antologia diversos poemas dedicados, alguns a amigos, como Ziraldo, e outros que destilam uma relação de intimidade não óbvia, trabalhada em camadas de sentido diferido, como os belos poemas a Drummond. As dedicatórias funcionam como ritos sociais e afetivos que o poema sela sob a forma do destinatário primeiro, convocando nossa leitura de modo especial, pois o poema dá testemunho de uma forma específica de proximidade entre duas pessoas. Há dois poemas evocativos dedicados a "Sérgio", ainda nos anos 1950, revelando desde cedo o interesse por uma linguagem alusiva, associando enredos do desejo a uma secreta sabedoria sobre os afetos, com indagações sobre o tempo que forjam um futuro entre o realizável e algo que só o poema pode concretizar. Os poemas dedicados a Drummond se destacam por encenarem um, "Depois" induz o vislumbre de uma cena prévia em que o poeta lhe teria feito uma confissão, ou vice-versa, confissão que a deixa ao mesmo tempo mais velha e mais menina, tomada por uma febre "nos ouvidos" — imagem para uma escuta que queima —, com sal nos olhos, numa dupla referência às lágrimas e à paisagem. É finalmente uma alegria poder percorrer esses poemas que afirmam a língua falada por um corpo sensitivo, encarnando os velhos sonhos da antiga lírica que vocaliza o desejo e seus impossíveis em imagens para nós ainda ressoantes.

Laura Erber, junho de 2021

Índice de títulos e primeiros versos

A

A água, 54
A árvore que persigo mato adentro, 65
A carta, 13
A casa é um navio cego, 52
A maçã à beira d'água, 61
A manhã trouxe surpresa de ossos, 48
A sombra vindo da floresta, 66
Ábaco, 103
Abstrata, 34
Acomodação do desejo I, 73
Acomodação do desejo II, 74
Acomodação do desejo III, 75
Acrobatas, 80
Adora tentar dobrar, 95
Adversária, 95
Água água, 19
Ah, derramar-me líquida sobre o mar, 14
Alta onda, 62
Altaonda, 62
Amanhã, 20
Amor, 83
Amor:, 84
Amor?, 112
Antes que me esqueça, 85
Aqueles que são selvagens se aproximam, 42
Ar, 53
Ar livre, 29
Arraial do Cabo, 52
As subterrâneas, 25
Avesso, 76

B

Bom é reconhecer-te após milênios, 110

Buenos Aires à noite, 99
Busco a paisagem, 58

C
Cachoeira de Brumado, 100
Cada dia a língua, 108
Cada dia uma conquista, 93
Çaiçuçaua, 89
Canção antes solitária, 26
Cantiga meio mórbida, 18
Cantigas de roda sobre Lapinka, meu cavalinho-do-mar, 21
Cantilena em setembro, 30
Caramujo, 45
Cateretê, 93
Ciclos, 55
Comentário, 37
Comer, quero comer, 82
Construção, 36
Conversa desatada dentro da noite, 39
Coração subterrâneo, 72

D
Dar às coisas outro nome, 69
Dar-me toda a este verão, 53
De verdade nasci em 1967, 97
Deito-me com quem é livre à beira dos abismos, 75
Dentro da noite, por tristeza, 29
Dentro dos olhos fechados, 28
Depois, 31
Depois da confidência, 31
Desafio um deus tardo, 47
Destino é o nome que damos, 90
deve é ser comido, 83
Diria que amor não posso, 69
Do outro lado, 32
Do que se fala, 86
Dos que se amam na cama rente às nuvens, 74

E
É da liberdade destes ventos, 53
E embora eu não quisesse, 30
E este amor doido, 81
É permitido jogar comida aos animais, 66

E torna a acontecer em nós um tempo não havido, 76
Eles são donos do mundo, 36
em golfadas envolve-me toda, 54
Em minha poesia, 86
Em que outras noites, 26
Em uso, 77
Encontro marcado, 106
Entre erótica e mística, 85
Entre pernas guardas, 64
Esfinge de repente à beira d'água, 61
essa boca cúmplice e insensata, 78
Esta cidade é muito perigosa, 44
Eu disse da espera sem palavras, 28
Eu disse o nome do amor muito sem cuidado, 109
Eu poderia não ser, 38
Eu poderia não ser, solidão, 38
Eu te pareço bela ou bela, 91

F
Fingido abrigo de floresta em densa trama, 57
Flávia, você é bela e forte e sábia, 35
Fogo, 53
Fruto, 96
Frutos, 71

G
Gente em automóveis, ondas vivas, 99
Gesta, 94
Grande coisa, 104
Guerra santa, 67

H
Há em seu silêncio, 9
Há horas não sou — e me pressinto, 34
Há tanto tempo que me entendo tua, 88
Hora do recreio, 82

I
Imóvel tempo imóvel, 41
Insônia, 12
Inútil, 15
Iraruca, 90

123

J

Jacaré, 107
Jacaré de rio, 107
Jogo na tarde, 47

L

Lembro-me como se fosse hoje, 103
Limbo, 105
Living, 57

M

Mais belas que estas flores, 25
Mas embora seca eu estivesse, 32
Melancia, o nome, 96
Menina sublunar, afogada, 19
Mito, 9
Moendo milho o moinho movido à água, 100
Mutante, 60

N

Na corda tensa dois iguais, 80
Na minha insônia marinha, 21
Nada digo que me preserve ou justifique, 92
Não acredito em empertigadas metafísicas, 77
Não me agradam os frutos ainda verdes, 71
Não perdi o bonde, 105
Não transfiras o momento do teu sonho, 16
Nas ruínas do convento de Angra dos Reis, 43
Negro crepúsculo mergulhou em meu avesso, 10
Nome, 81
Nome I [I], 69
Nome I [II], 109
Nome II [I], 69
Nome II [II], 109
Numa praia deserta, 49

O

O amor é um peixe cego, 37
O caramujo e seu espelho, 45
O cavalinho-do-mar, 11
O poema inventa o silêncio, 55
o que importa, 84
O que se detesta, 104

O que será, 112
O segredo, 64
o sexo tão livre, natural, 63
O tempo aqui não mais se move, 43
Ode a um etrusco, 110
Olho fundo a órbita seca de seus olhos tristes, 11
Olho o bicho de frente, 106
Onde começa e acaba, 94
Os selvagens, 42
Ouro Preto I, 44
Ouro Preto II, 50
Ouro Preto III, 51
Ouro Preto no inverno, uma manhã, 51
Ouvi teu nome, amor, por vários nomes, 109

P
Palavras, antes esquecê-las, 59
Par abissal, 87
Para que servem conchas, 49
Pedido, 24
Perdem-se, num longo sono de espera, 13
Poeminha para Flávia, 35
Porque há aqui um tempo exato, 50
Presente Carlos Drummond de Andrade, 98
Procura de Itabira, 101

Q
Qualquer imagem por mais que a olhe, 111
Quando abro o corpo à loucura, à correnteza, 73
Quando eu estiver mais triste, 24
Quarto de nuvens, 56
Quase mineral, jazente, 56
Quase não falo e do mundo, 65
Que arda em nós, 68
Queda, 10
Quero escrever um poema irritado, 12

R
Registro de nascimento, 97
Resumo, 59
Risco noturno, 17
Rosas vermelhas as mais, 98
Rota, 68

125

S

Se devoras teus sonhos, 20
se enovela pelas pernas, 54
Se fosses estrela, 15
Sem escolha, 111
Sempre o verão, 89
Sempre vivi perto do mar, 60
Ser [I], 63
Ser [II], 78
Signo, 88
Só ferro, 101
Só na poesia?, 91

T

Tamanduá, 108
Teipó, 79
Tempo de terra e de água é este tempo, 72
Tenho um medo da fera que me pelo, 67
Terra, 54
Tranquilidade na tarde, 14
Tudo o que sei, 79

U

Um dia, ossos, 48
— *Uma noite*, 18
Único, 16
Uquiririnto, 92
Urubu, 17

V

Veneno em Ouro Preto, 41
Viagem, 58
Vida I, 65
Vida II, 65
Viver é desejar o ontem?, 39

Y

Yruaia, 87

© Olga Savary, 2021
Publicado mediante acordo com MTS Agência Literária.
Todos os direitos desta edição reservados à Todavia.

Grafia atualizada segundo o Acordo Ortográfico da Língua
Portuguesa de 1990, que entrou em vigor no Brasil em 2009.

Os poemas foram selecionados do volume *Repertório selvagem:
Obra reunida — 12 livros de poesia, 1947-1998*.

capa
Luciana Facchini
imagem de capa
Trilha de ouro, de Bruno Novelli
digitalização
Marcos Salazar
composição
Manu Vasconcelos
preparação
Lívia Deorsola
revisão
Ana Alvares
Ana Maria Barbosa

Dados Internacionais de Catalogação na Publicação (CIP)

Savary, Olga (1933-2020)
Coração subterrâneo : Poemas escolhidos / Olga
Savary ; posfácio Laura Erber. — 1. ed. — São Paulo :
Todavia, 2021.

Inclui índice.
ISBN 978-65-5692-178-5

1. Literatura brasileira. 2. Poesia. I. Erber, Laura.
II. Título.

CDD B869.91

Índice para catálogo sistemático:
1. Literatura brasileira : Poesia B869.91

Bruna Heller — Bibliotecária — CRB 10/2348

todavia
Rua Luís Anhaia, 44
05433.020 São Paulo SP
T. 55 11. 3094 0500
www.todavialivros.com.br

fonte
Register*
papel
Munken print cream
80 g/m²
impressão
Geográfica